Marzieh Ghobadipour
Arash Tofangsaz

Banca virtual: uma nova abordagem no sistema de financiamento

Marzieh Ghobadipour
Arash Tofangsaz

Banca virtual: uma nova abordagem no sistema de financiamento

ScienciaScripts

Imprint
Any brand names and product names mentioned in this book are subject to trademark, brand or patent protection and are trademarks or registered trademarks of their respective holders. The use of brand names, product names, common names, trade names, product descriptions etc. even without a particular marking in this work is in no way to be construed to mean that such names may be regarded as unrestricted in respect of trademark and brand protection legislation and could thus be used by anyone.

Cover image: www.ingimage.com

This book is a translation from the original published under ISBN 978-3-659-55415-5.

Publisher:
Sciencia Scripts
is a trademark of
Dodo Books Indian Ocean Ltd. and OmniScriptum S.R.L publishing group

120 High Road, East Finchley, London, N2 9ED, United Kingdom
Str. Armeneasca 28/1, office 1, Chisinau MD-2012, Republic of Moldova, Europe
Printed at: see last page
ISBN: 978-620-7-96752-0

ÍNDICE DE CONTEÚDOS:

Prefácio

A entrada das tecnologias da informação e da comunicação no sector financeiro alterou o paradigma do sector. A automatização das actividades quotidianas, a criação de oportunidades de análise e exploração dos dados disponíveis e, finalmente, o desenvolvimento crescente de canais de fornecimento de serviços financeiros aos clientes provocaram profundas alterações comportamentais. Estas alterações comportamentais incluem o aumento do volume e do tipo de expectativas, a forma de interagir, a confiança nos servidores e até a lealdade do cliente.

Hoje em dia, o que reconhecemos como "E-finance" inclui principalmente a prestação de serviços financeiros, financiamento, pagamento eletrónico, troca eletrónica de documentos comerciais, transação eletrónica de acções, serviços electrónicos de investimento e seguros e afins no ciberespaço. Por conseguinte, para reconhecer o paradigma da fiscalidade eletrónica e definir estratégias comerciais, temos de ter um reconhecimento exato do espírito, do desempenho, dos processos e dos benefícios e pontos fracos.

No último meio século, a maior parte das actividades do sistema de financiamento do país foram realizadas por bancos e instituições financeiras e, nesta ocasião, a entrada da banca eletrónica no sector bancário foi o primeiro passo para concretizar os desenvolvimentos mencionados neste artigo. Neste artigo, explicaremos a posição e o papel da banca virtual como uma nova abordagem às finanças electrónicas e, ao mesmo tempo que fazemos um estudo comparativo da banca eletrónica em todo o mundo e da sua posição no nosso país, o Irão, procederemos à introdução do espírito da banca virtual, descreveremos o seu desempenho, os processos que a regem, as vantagens e as fraquezas da banca virtual do ponto de vista dos clientes, dos bancos e do ambiente empresarial e, por fim, modelaremos os efeitos da formação deste tipo de banca nos mecanismos de absorção e atribuição de recursos no Irão.

CAPÍTULO 1

1. Introdução

Atualmente, as tecnologias da informação e da comunicação têm feito uma grande evolução no ciclo dos seres humanos e das instituições. O desenvolvimento das tecnologias da informação conduziu a um desenvolvimento crescente do comércio eletrónico e o desenvolvimento do comércio eletrónico é indubitavelmente impossível sem o desenvolvimento das finanças electrónicas. O financiamento eletrónico abrange diferentes áreas, mas a principal causa da eficácia e do êxito do comércio eletrónico é a área da banca eletrónica e virtual. A banca eletrónica e virtual tem grandes vantagens, como a redução do tráfego, a poupança dos custos de transporte, a utilização optimizada do tempo dos cidadãos, a banca universal, a facilidade e o conforto, etc. Neste artigo, tentámos começar por descrever as finanças electrónicas e os bancos virtuais, que são subcategorias, e, em seguida, apresentar uma amostra do desempenho dos bancos virtuais e das suas vantagens.

CAPÍTULO 2

2. Financiamento eletrónico

2.1. Espírito e definições

A globalização e a desregulamentação alteraram o espírito e a estrutura dos serviços financeiros. A globalização dos mercados tem o mesmo significado que a possibilidade de comprar produtos num mercado e vendê-los noutro. Entre os factores que aceleraram o processo de globalização, podemos mencionar a invenção do computador e o desenvolvimento tecnológico. A era atual - a era da informação e do conhecimento - é designada por "terceira vaga". A quarta vaga é uma forma desenvolvida da era da informação e do conhecimento, durante a qual os principais problemas dos seres humanos no domínio das formas e meios e do acesso ao conhecimento e à informação serão resolvidos e surgirá uma maior necessidade de mudança e evolução. [1]

A evolução tecnológica conduziu a um desenvolvimento acelerado do sector dos serviços financeiros devido à melhoria da eficiência, à diminuição dos custos, ao aumento da qualidade e ao aumento do acesso aos serviços financeiros.

Allen, Mc Andrews e Strahan (2001) definiram o financiamento eletrónico como as transacções efectuadas através da Internet ou de canais semelhantes. Com base nesta definição, o aparecimento de serviços e mercados financeiros através de comunicações electrónicas é designado por E-finance. Assim, a definição de E-finance inclui todas as actividades financeiras realizadas através do ciberespaço ou de outras redes públicas, tais como: Banca eletrónica, transacções electrónicas e também a prestação de serviços de seguros, corretagem e empréstimos através da internet [6]. Numa outra definição, Andrew Fight (2002) definiu as finanças electrónicas como tudo o que associa transacções, serviços financeiros e serviços bancários através de ferramentas electrónicas [7]. UNCTAD

(Conferência das Nações Unidas para o Comércio e o Desenvolvimento) também define o financiamento eletrónico como um dos serviços financeiros prestados em linha e através da Internet. De acordo com a definição supramencionada, podemos concluir que o financiamento eletrónico consiste na prestação de diferentes serviços financeiros, tais como dinheiro e capital, através da Internet e das tecnologias da comunicação.

2.2. Aparecimento das finanças electrónicas

Considerando o facto de as transacções financeiras serem parte inseparável das trocas comerciais, as instituições financeiras passaram a utilizar amplamente as tecnologias da informação e da comunicação para apoiar e facilitar o comércio eletrónico, juntamente com a expansão do comércio eletrónico global. Entretanto, os bancos também têm desempenhado um papel importante na expansão do comércio eletrónico, avançando para a banca eletrónica e fornecendo novos serviços financeiros.

A primeira transmissão remota de dinheiro, em 1871, efectuada pela Western Union Company, pode ser conhecida como a primeira aparição das finanças electrónicas. Em 1914, esta empresa também ofereceu cartões de débito pela primeira vez. De facto, o início das finanças electrónicas foi na área dos serviços bancários, pelo que, no início da década de 1950, começou a ser utilizado um cartão em vez de dinheiro. Desde então, a utilização de cartões por instituições de serviços públicos tornou-se habitual e desenvolveu-se. Em 1983, com os cartões electrónicos e a utilização de terminais informáticos nos pontos de venda (POS), a utilização de cartões no comércio tornou-se mais generalizada. Para além do desenvolvimento da utilização de cartões, a utilização extensiva de computadores por grandes empresas nos anos 70 foi também eficaz na formação do Ebanking. Talvez tenha sido a invenção do computador que mais influenciou a banca eletrónica e a tornou mais generalizada.

A partir de meados dos anos 90, com o aparecimento da Internet e das tecnologias da comunicação, surgiram grandes evoluções nas empresas e foram propostos novos métodos para as empresas e o comércio, atualmente conhecidos como comércio eletrónico. Na década de 90, o comércio eletrónico começou gradualmente com um novo conceito através de redes privadas e públicas e da Internet. Em 1994, o volume de negócios realizado por via eletrónica foi estimado em 320 mil milhões de dólares e, no final de 2009, este valor foi estimado em mais de 3,7 triliões de dólares. Como se pode ver no diagrama abaixo, a taxa de penetração do financiamento eletrónico nos países também tem vindo a aumentar entre 2005 e 2010.

Diagrama 1: A taxa de penetração do financiamento eletrónico

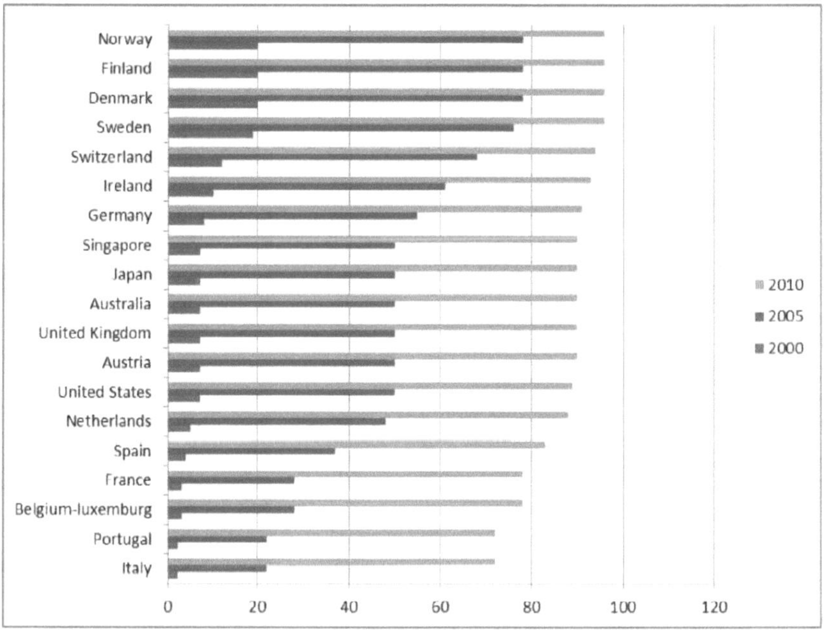

(Fonte: Banco Mundial, relatório sobre o comércio eletrónico)

A invenção de vários métodos de comércio eletrónico conduziu à inovação nos serviços financeiros ou no domínio das finanças electrónicas. Assim, estas instituições conceberam redes para prestar os seus serviços financeiros mais rapidamente e com maior eficácia. Este processo foi estabelecido com serviços como a banca, os seguros e os serviços de transação e estendeu-se a outros domínios, como a moeda e as bolsas de valores.

Assim, podemos considerar os factores que se seguem como os principais estímulos e antecedentes do aparecimento das finanças electrónicas:

1) Tecnologia: O computador e a Internet tornaram a atividade comercial mais rápida, mais eficiente e mais segura.
2) Globalização: O investimento e o comércio livre global facilitaram o crescimento das empresas em todo o mundo
3) Desregulamentação: A desregulamentação do sector financeiro e a revisão das regras do comércio eletrónico facilitaram o crescimento das finanças electrónicas.
4) Empreendedorismo: A criatividade dos empresários foi a razão para fornecer as produções através de estruturas novas e diferentes e abandonar as velhas tradições económicas.
5) Capital: Uma vez que a prestação de serviços através da Internet é mais eficaz em termos de custos, necessita de menos capital [8].

2.3. Impacto do financiamento eletrónico nas empresas

O desenvolvimento das finanças electrónicas tem um impacto considerável nas empresas, tendo trazido novos conceitos para as mesmas:

D: Integração de corretores

1) Remoção de corretores: Entre os impactos mais importantes do financiamento eletrónico, podemos mencionar a diminuição dos canais de comunicação entre os prestadores de serviços e os destinatários. O impacto do E-finance nos corretores é mostrado na imagem abaixo.

Como se pode ver na imagem 1, hoje em dia, com o desenvolvimento das tecnologias da informação, o papel dos grossistas e retalhistas mudou e tornou-se possível a comunicação direta entre os prestadores de serviços e os clientes. Do mesmo modo, as ferramentas de financiamento eletrónico tiveram um grande impacto na remoção dos corretores.

Imagem 1: Como remover o corretor no E-finance

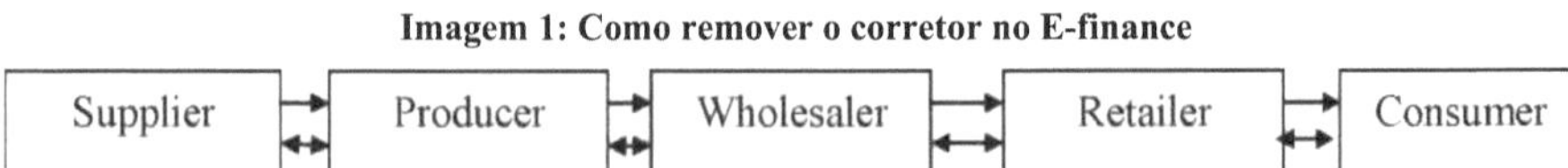

A: Cadeia de abastecimento tradicional

B: Eliminar o corretor na comercialização direta

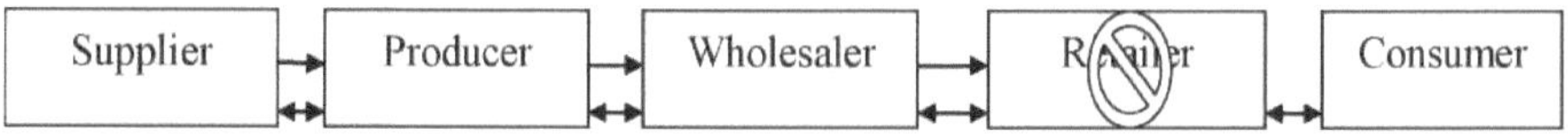

C: Omissão do retalhista

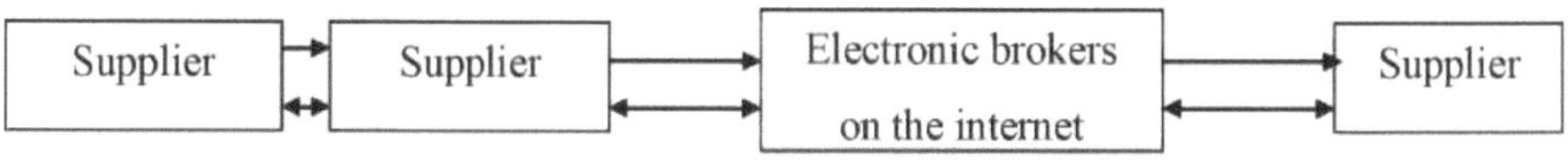

2) Integração: A globalização da economia estabeleceu uma ligação entre diferentes mercados em diferentes partes do mundo, juntamente com o desenvolvimento crescente das tecnologias da informação. O desenvolvimento de ferramentas de e-finance na direção da conformidade das necessidades empresariais e a facilitação das trocas nestes mercados provocou a integração e uma maior crítica nestes mercados.

3) Acesso fácil ao crédito: Com a ajuda de mecanismos como os empréstimos electrónicos, os cartões de crédito e a acreditação das unidades comerciais de acordo com a notação de crédito, o acesso das unidades comerciais e das pessoas reais aos créditos e, por último, a criação de novos domínios e conceitos, o e-finance facilitou a atividade empresarial [9].

2.4. Funções de financiamento eletrónico

Estas são as funções de E-finance mencionadas abaixo:

- Transferência eletrónica de fundos (EFT): A transferência de fundos é um processo em que uma ou mais acções costumavam ser feitas em papel no processo de trabalho anterior, mas agora são feitas por métodos electrónicos.
- Transferência eletrónica de benefícios (EBT): É um sistema que permite aos governos colocar benefícios financeiros e materiais à disposição dos beneficiários através de cartões de crédito. Os cartões de bónus que os governos dão aos funcionários são um exemplo disso.
- Intercâmbio eletrónico de documentos (EDI): O intercâmbio eletrónico de documentos pode ser utilizado para a intercomunicação eletrónica de documentos, incluindo a ordem de compra, a fatura, a declaração de transporte, a confirmação da receção de mercadorias e outras correspondências comerciais entre as partes comerciais. Esta tecnologia também pode ser utilizada para o envio de informações financeiras e pagamentos electrónicos.
- Confirmação eletrónica da transação (ETC): É um sistema utilizado para fazer corresponder as ordens de compra e venda nos mercados monetário, de acções,

obrigações e derivados [8].

2.5. Domínios de financiamento eletrónico

A utilização do financiamento eletrónico é classificada em três domínios: "Empresa-empresa (B2B)", "Empresa-cliente (B2C)" e "Governo-cidadãos (G2C)". A utilização do financiamento eletrónico é determinada na imagem abaixo.

No quadro 1, tentámos não só separar as áreas abrangidas pelo E-finance, mas também apresentar exemplos das suas actividades e a associação dessa área com as actividades da área correspondente no sistema bancário.

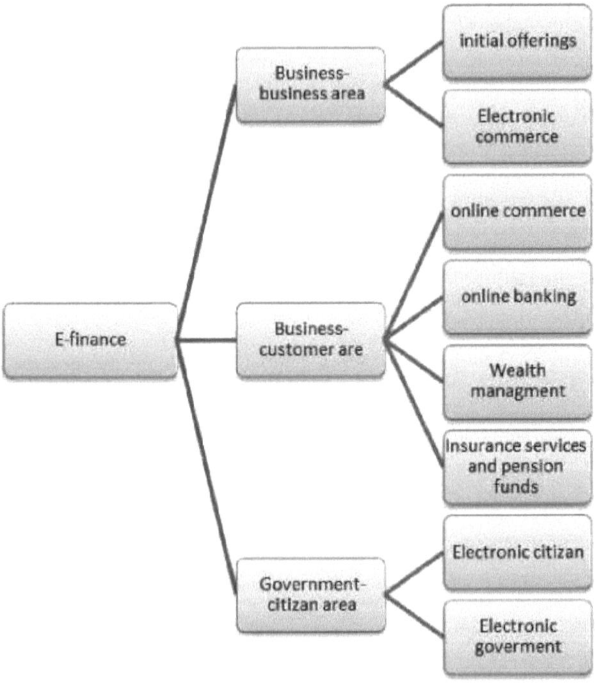

2.6. Gestão do risco de financiamento eletrónico

O que é conhecido como benefício da Internet e da tecnologia da informação e foi considerado como motivo de desenvolvimento do financiamento eletrónico pode potencialmente ser o recurso de riscos que podem causar limitações.

Por conseguinte, os capitalistas sofreram inevitavelmente um custo elevado para garantir as transacções financeiras e gerir este risco. Entre os riscos mais importantes do financiamento eletrónico contam-se o vasto espírito da Internet, o roubo de dados, os registos de clientes e a fraude.

Quadro 1: Domínios abrangidos pelo financiamento eletrónico

Bank type	Banking operation type	Function	Provided Services	Area
Commercial banks, finance companies	Wholesale banking Corporate banking	Electronic signature, intelligent cards, Electronic credit insurance, Electronic credit data	Initial and public offerings-Stocks, money, bonds and derivatives exchanges	B2B
Virtual banks, commercial banks	Retail banking Private banking	Different credit cards, Dept and prepayment, E-wallet, estates and properties exchange	Online exchanges, wealth management, E-banking, Insurance services and pension funds	B2C
Virtual bank	Retail banking	Trade turnover between people	Electronic exchanges, person to person payments	C2C

Virtual bank	Retail banking	Providing all governmental services electronically	E-citizen, E-government	G2C

(Estes tipos de bancos mencionados no quadro são definidos no final do artigo)

A fim de gerir e limitar os riscos do financiamento eletrónico, devem ser tomadas algumas medidas:

1. Mudar as regras e as políticas: Os países e as empresas estão a tentar desenvolver enquadramentos legais para processar os crimes electrónicos.
2. Para garantir a segurança, as empresas devem dispor de um quadro político adequado. Do mesmo modo, a norma ISO 27001 apresenta um quadro adequado para o sistema de gestão da segurança. De facto, a norma ISO 27001 prevê a organização, execução e documentação dos elementos essenciais do sistema de gestão da segurança, bem como dos elementos essenciais dos controlos de segurança correspondentes às condições específicas da empresa. A figura abaixo apresenta a harmonia entre a norma 27001 e outras normas internacionais nos domínios da gestão da qualidade, das empresas e das tecnologias da informação.
3. A continuidade dos serviços, a recuperação de emergência e a gestão da qualidade dos serviços tecnológicos são outras questões que podem causar riscos no processo de prestação de serviços financeiros electrónicos. Estas questões serão mencionadas na secção relativa às tecnologias da informação[10].

2.7. Financiamento eletrónico e inovação financeira

A Reserva Federal (2002) definiu a inovação financeira da seguinte forma: "A inovação financeira consiste em produtos, serviços, empresas e novos métodos que diminuem os custos e os riscos existentes ou a qualidade". Em termos de tipo, as inovações financeiras dividem-se em três categorias: inovação instrumental, inovação institucional e inovação tecnológica. [3]

Como já foi referido, com o desenvolvimento das tecnologias da informação, o papel dos corretores alterou-se e, ao permitir que compradores e vendedores comuniquem diretamente em diferentes mercados, foram propostos novos conceitos e novos métodos de negócio e as instituições financeiras e bancárias alteraram naturalmente o seu papel tradicional de acordo com as novas necessidades e a criação de oportunidades competitivas, tendo tomado medidas para introduzir a inovação financeira. As instituições financeiras forneceram

Imagem 2: Ligação de diferentes certificados standard

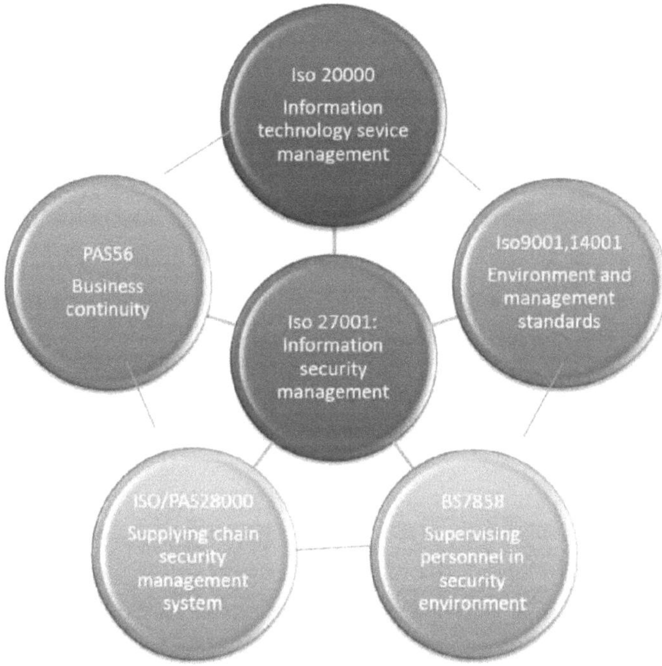

oportunidades e novos benefícios competitivos para os activistas da área empresarial através de tecnologias inovadoras e da inovação em termos de produtos, instituições e estrutura. A banca virtual é, de facto, um tipo de inovação financeira em termos de estrutura que conduzirá à inovação nos métodos de fornecimento de produtos e serviços com um grupo de intelectuais e também um elevado nível de tecnologia.

CAPÍTULO 3

3. Banco virtual

3.1. Conceito de banco eletrónico

A banca eletrónica consiste em tecnologias avançadas de hardware, software e telecomunicações para trocar recursos e informações financeiras por via eletrónica, o que diminui a presença física dos clientes nas agências bancárias. Por outras palavras, a banca eletrónica fornece todos os serviços bancários por via eletrónica e através de corretores seguros, sem qualquer necessidade da presença física dos clientes. De facto, este tipo de banco é o clímax da utilização das tecnologias da informação para eliminar as restrições de tempo e espaço dos serviços bancários. O processo de evolução e crescimento do sistema financeiro pode ser classificado nas seguintes secções temporais

Primeira secção: operação de balcão

Segunda secção: operações de front office

Terceira secção: acesso dos clientes às contas

Quarta secção: integração das empresas e ligação dos clientes às operações bancárias

Na quarta secção, o sistema bancário dá ao cliente a oportunidade de receber o serviço desejado através do sistema eletrónico do seu banco em casa ou no escritório. Esta secção foi muito frugal e a moeda eletrónica tornou-se predominante e desenvolveu-se na sua forma real. Com o desenvolvimento e a realização da quarta secção, a banca eletrónica, os cheques electrónicos também se tornaram populares e o comércio expandiu-se. [4]

Quadro 2: Comparação entre os sistemas de financiamento tradicionais e modernos

Modern(electronic) banking	Traditional banking	Explanation
Focus on costs and income growth	Focus on costs	Financial goals
Widespread services	Limited services	Range of services
24hs of day	Office hours	Time limitation
Unlimited	Limited	Operating area (space)
Brand competition	Bank competition	Competing method

Unlimited	Limited	Level of innovation
Profit margin	Through wage	Income resource
Close	No Interbank communication	Interbank communication
Few	A lot	Man power
Through E-tools	Dependent on branches	Communication with customer

Algumas pessoas assumem que a mecanização do sistema financeiro é a realização do E-banking. No entanto, o facto de equipar as agências bancárias com computadores não tem nada a ver com a realização da banca eletrónica. A banca eletrónica pode ser definida como a prestação de serviços bancários através de métodos como telefones, telemóveis, redes de televisão por cabo, máquinas ATM e dispositivos POS.

No quadro 2, são comparados dois sistemas bancários (tradicional-moderno). [2]

3.2. Banca pela Internet

A banca eletrónica consiste na utilização de máquinas ATM, telefones ou cartões pré-pagos ou de numerário, mas a banca pela Internet é um método normalmente utilizado por um computador pessoal ligado ao sítio Web do banco através da Internet.

A banca pela Internet também se baseia na tecnologia sem fios através de PDA (Personal Digital Assistant) ou de telemóveis. A banca virtual consiste em dois tipos diferentes de banca: "Banca eletrónica" e "Banca pela Internet". [2]

De facto, a banca virtual oferece todos os serviços tradicionais, com a diferença de que estes bancos estão em linha e, devido aos baixos custos gerais, oferecem taxas de juro mais elevadas sobre os depósitos.

Estes bancos não têm agências. Por conseguinte, a abertura de uma conta pode ser feita eletronicamente ou através de um e-mail. Com esta explicação, a banca virtual pode ser conhecida como E-banking child e, com a sua concretização, pode ser feita uma nova evolução na banca. O primeiro banco totalmente virtual do mundo foi criado em 1995, na Geórgia, o primeiro da Europa foi criado em 1999, em Dublin, e o primeiro da Ásia foi criado em 2000, em Singapura. [5]

De acordo com as categorias mencionadas sobre as finanças electrónicas, podemos considerar a banca virtual na área "Empresa-Cliente" e ao nível da banca de retalho.

3.3. Modelo de desenvolvimento de banco virtual

Na figura abaixo, é apresentado o modelo de desenvolvimento da banca virtual. De acordo com esta imagem, os diferentes serviços bancários, incluindo os diferentes serviços de depósito, cartões de crédito e créditos documentários, são fornecidos através de canais de comunicação com os clientes, como máquinas ATM, dispositivos POS, Internet, etc.

Imagem 3: Modelo de desenvolvimento da banca virtual

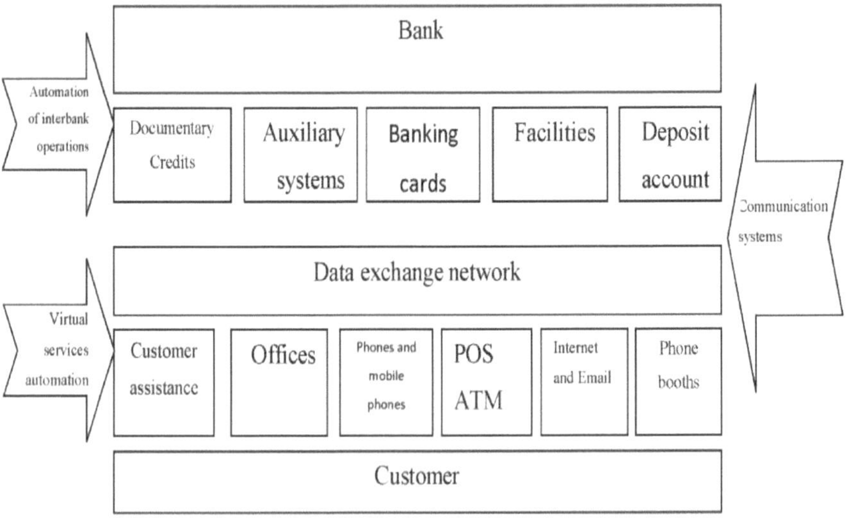

3.4. Vantagens do banco virtual

As vantagens da banca virtual podem ser divididas nas categorias Empresas, Bancos e Clientes:

3.4.1. Vantagens do banco virtual em termos de ambiente empresarial e de sociedade

O desenvolvimento da banca virtual pode ter algumas vantagens para o ambiente empresarial e para a sociedade

1. A evolução da banca virtual pode desenvolver novos métodos de negócio e de comércio eletrónico.
2. Criação de potencial e oportunidade para inovar a oferta de produtos bancários.
3. Facilitação de diferentes actividades.
4. Menor possibilidade de abuso e desenvolvimento de uma cultura de transparência, saúde financeira e honestidade no ambiente económico e social
5. Os problemas e os custos sociais diminuem, como as deslocações em meio urbano ou suburbano e a poluição atmosférica.
6. A possibilidade de comunicar com os bancos tradicionais e a facilitação das transacções

comerciais e financeiras.

3.4.1. Vantagens da banca virtual em termos de banco

1. Diminuição dos custos operacionais, de excesso de carga, administrativos e de retaguarda dos bancos e instituições económicas e aumento da produtividade (eficácia e eficiência) e, consequentemente, aumento da margem de lucro e da taxa efectiva dos depósitos bancários e, por fim, da taxa de rendibilidade dos capitais próprios.
2. Prestação de serviços bancários com caraterísticas como a inexpensividade dos serviços, a facilidade de utilização pelos clientes, a rapidez dos serviços, a independência em relação ao tempo e ao espaço e a elevada segurança.
3. Desenvolvimento das operações bancárias e generalização dos serviços bancários (aumento da quota de mercado do banco).
4. Diminuição do pessoal bancário em áreas com menor mais-valia (como os bancos tradicionais) e maior superioridade dos intelectuais e do poder de especialização na pirâmide organizacional dos bancos virtuais.
5. Aumento da possibilidade de desenvolvimento de talentos, criatividade e inovações do pessoal dos bancos virtuais.
6. Independência do banco de algumas limitações e criação da oportunidade de fornecer produtos.
7. Maior segurança dos sistemas bancários virtuais e electrónicos em comparação com os sistemas bancários tradicionais.
8. Implementação mais eficaz de controlos especializados para instituições jurídicas como o Banco Central.
9. Possibilidade de gerir e controlar as operações bancárias e as transacções monetárias com maior precisão e, consequentemente, diminuir as operações bancárias não saudáveis e o branqueamento de capitais na economia.

3.4.2. Vantagens do banco virtual em termos de Clientes

As vantagens da banca virtual em termos de clientes são as seguintes

1. Baixo custo dos serviços bancários para os clientes.
2. Facilitação da utilização e acesso mais fácil aos serviços bancários, independentemente do tempo e do espaço.
3. Serviços bancários de alta velocidade e economia de tempo e de custos relacionados com os mesmos.
4. A possibilidade de uma gestão eficaz e de activos eficientes.
5. A possibilidade de obter uma taxa de juro mais efectiva sobre os depósitos e taxas de juro

mais baixas sobre os empréstimos, em contraste com a banca tradicional.

3.5. O papel do banco virtual no sistema de financiamento

A principal responsabilidade dos mercados financeiros é entregar dinheiro ou dinheiro extra a quem precisa de liquidez.

No mercado financeiro, as transacções são feitas de três formas diferentes: financiamento direto, financiamento semi-direto e financiamento indireto. No financiamento direto, os mutuários obtêm empréstimos com presença direta nos mercados financeiros e através da venda de títulos. No método semi-direto, o financiamento é feito nos mercados financeiros e através de uma ou mais instituições intermediárias e o indireto é feito através de uma ou mais instituições intermediárias, uma das quais é monetária. [3]

O desenvolvimento da banca virtual pode ter um papel importante no desenvolvimento do sistema de financiamento do país porque, por um lado, aumenta a capacidade de agregação de poupanças e depósitos e, por outro, facilita e melhora o acesso dos utilizadores ao financiamento. Os impactos do desenvolvimento da banca virtual são apresentados sob a forma de um modelo concetual na Imagem 4.

3.6. Segurança na banca virtual

A popularidade de todas as tecnologias numa sociedade exige que se ganhe a confiança dos clientes, o que significa que a tecnologia inovadora deve fornecer infra-estruturas para ganhar a confiança e a segurança dos clientes.

Neste contexto, as infra-estruturas de segurança da banca virtual incluem a conquista da confiança dos clientes no que diz respeito à integridade e à ausência de falhas das operações bancárias, à falta de acesso de terceiros ao conteúdo das comunicações dos clientes e do banco, à garantia de operações corretas efectuadas nas contas dos clientes e à segurança das informações pessoais dos clientes contra o acesso de terceiros, etc. Os elementos necessários para estabelecer a segurança incluem a privacidade, a identificação, a fiabilidade, a integridade, o descrédito e a utilização opcional dos serviços. Embora a segurança seja um dos conceitos mais importantes na banca virtual e eletrónica, pode ser cansativo descrevê-la aqui, mas o que é mais importante na banca virtual é a identificação e a autenticação do cliente.

Após a autenticação, podem ser tomadas outras medidas neste domínio. A aplicação da legislação contra o branqueamento de capitais é tão importante que, atualmente, os bancos autenticam o cliente antes de efectuarem qualquer operação bancária. Na banca virtual, quando um cliente entra num banco pela primeira vez, a autenticação é realmente importante e, inevitavelmente, tem de ser efectuada na sua presença física através de escritórios locais ou da cooperação de um corretor bancário. No entanto, na etapa seguinte, a autenticação pode ser efectuada através de palavras-passe e métodos suplementares, como a utilização da primeira palavra-passe, da segunda palavra-passe e da palavra-passe de uso único.

CAPÍTULO 4

4. Explicação do papel e da posição das tecnologias da informação e da comunicação na banca virtual

4.1. Macro-arquitetura da tecnologia da informação na banca virtual

A banca virtual baseia-se essencialmente nas tecnologias da informação. Nesta secção, começaremos por explicar a arquitetura macroeconómica e estratégica das tecnologias da informação e da comunicação num exemplo de banco virtual e, em seguida, descreveremos sucintamente os seus componentes, tal como se apresenta na figura 5.

4.2. Sistema bancário central

O sistema bancário central é um tipo de sistema em que todos os dados bancários são mantidos no centro do banco e processados. Este sistema, para além de ser o núcleo central das operações bancárias, serve de base a outros sistemas bancários. Um sistema bancário central é constituído, por exemplo, pelas seguintes secções

Imagem 4: Impactos do desenvolvimento da banca virtual no sistema financeiro em desenvolvimento

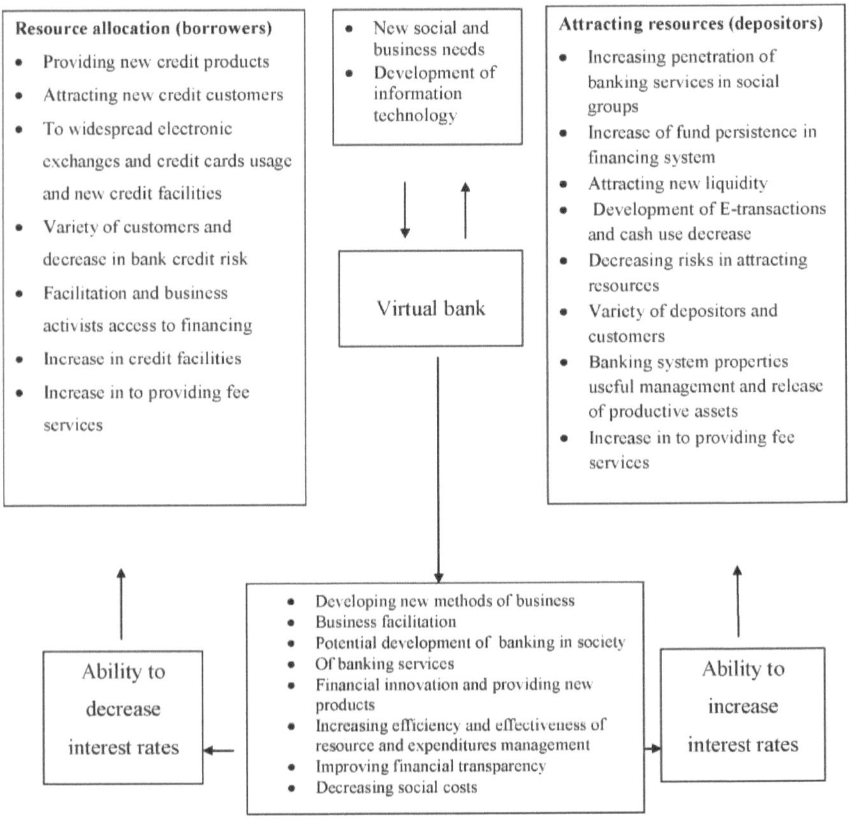

- Subsistema de gestão de clientes (CIF)
- Subsistema de depósitos
- Subsistemas de créditos documentários (Trade Finance)
- Subsistema de empréstimos
- Subsistema de contabilidade e ledger (GL)
- Subsistema de gestão de canais

4.3. Sistema de gestão de cartões

O cartão é um dos instrumentos de pagamento mais importantes do mundo e um banco virtual é obrigado a ter um sistema de gestão de cartões perfeito e poderoso, uma vez que presta serviços impessoais. Os componentes do sistema de cartões são subsistemas:

- Subsistema de gestão de cartões: para processar a emissão de cartões e gerir os cartões dos clientes
- Subsistema "gestão de cartões de crédito": emissão, tratamento e liquidação de cartões de crédito
- Subsistema de gestão de ATM: para gerir os fundos, a liquidez e os pagamentos
- Subsistema de gestão dos POS: para gerir os utilizadores de POS, liquidar as suas contas e gerir as transacções dos clientes
- Subsistema "autorizador": para verificar a autenticidade do cartão e da palavra-passe
- Gestão de canais de pagamento com cartão: para comunicar com o sistema bancário central ou outros sistemas
- Gateway de pagamento na Internet: para gerir pagamentos impessoais como telemóveis ou Internet
- Subsistema de comutação de transacções: para mapear as transacções e lançar na comutação do emissor

4.4. Centro de dados

Para dirigir e operar um software bancário central e também outro software bancário, é necessária a presença de um centro de dados principal e a criação de um centro de dados de reserva. Num banco virtual, estes centros de dados satisfazem estas necessidades como uma das infra-estruturas bancárias.

4.4.1. Acordo de nível de serviço

Uma das motivações dos clientes em relação ao banco virtual é ter acesso aos serviços a todas as horas do dia e todos os dias do ano. Por isso, devem ser definidos e medidos periodicamente alguns indicadores de desempenho dos sistemas de software e da sua capacidade de acesso. O nível adequado destes parâmetros é designado por SLA e nunca devemos permitir que a ação real se situe a um nível inferior ao adequado.

Imagem 5: Macro-arquitetura das tecnologias de informação e comunicação na banca virtual

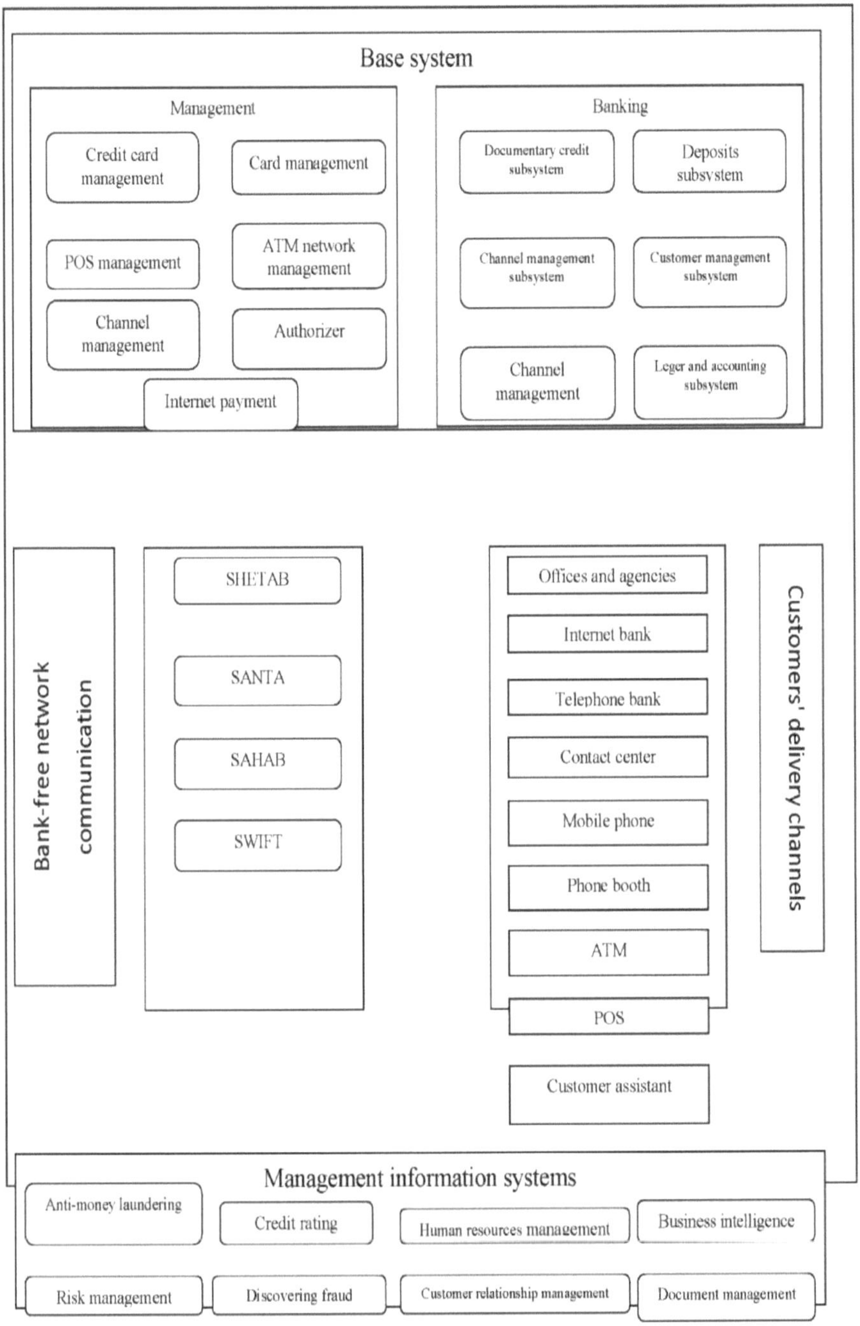

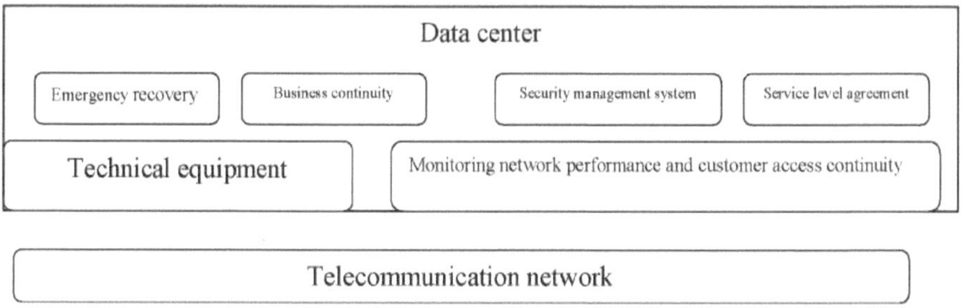

4.2.1. plano de continuidade das actividades

Considerando que não se tem acesso aos clientes pessoalmente, uma das acções estratégicas na banca virtual é a codificação de um plano de continuidade de negócio em situações críticas. Este plano garante aos clientes um acesso mínimo em situações críticas que perturbem a prestação de serviços. De facto, este plano descreve como o banco virtual deve interagir com outros clientes e empresas de uma forma mínima.

4.2.2. Plano de recuperação de desastres

As catástrofes acontecem sempre e o banco virtual tentará não deixar que a prestação de serviços seja suspensa, utilizando o plano de continuidade do negócio, mas após a eliminação da catástrofe é necessário que todos os serviços bancários sejam recuperados e repostos ao nível adequado de acordo com as instruções especificadas. Os bancos virtuais consideram estes planos como acções estratégicas e fornecerão o software e o hardware necessários para a execução destes planos.

4.5. Canais de distribuição

Os bancos virtuais estão no início do seu crescimento no mundo e há ainda um longo caminho a percorrer para se desenvolverem e consolidarem os seus produtos. No nosso país, o Irão, para além da autenticação para a qual é necessária a comunicação pessoal, os serviços bancários podem ser prestados sem a presença do cliente. Por um lado, a capacidade de admissão de serviços à distância é muito elevada nas grandes cidades. Por outro lado, a tecnologia disponível no nosso país é capaz de o fazer facilmente. Nos últimos três anos, a abordagem do governo no sentido de exigir transacções financeiras por via eletrónica (inscrição no exame de acesso à universidade, cartão de combustível, pagamento de facturas, impostos, etc.) e a reação positiva da sociedade iraniana ao aceitá-la têm incentivado os investidores a estabelecerem actividades bancárias virtuais e a desenvolverem redes monetárias e pagamentos electrónicos.

Talvez uma das acções estratégicas mais importantes realizadas num banco virtual seja planear, desenvolver e otimizar os canais de distribuição, utilizando a infraestrutura de software do core banking. Este assunto aumentou a satisfação dos clientes, por um lado, e tornou-se uma base perfeita para os bancos concorrentes, por outro.

4.5.1. Novos canais

Normalmente, são classificados nesta categoria canais como ATM, POS, bancos na Internet, bancos por telefone, cabinas telefónicas e telemóveis. Os serviços disponíveis para prestação de acordo com esta categoria de canais consistem em: serviços de transferência de dinheiro, facilidades de pagamento de prestações, pagamento de facturas de serviços públicos, gestão de contas bancárias e receção de relatórios de contas, serviços de cheques, serviços de instrução de pagamentos diretos e periódicos, criação de uma nova conta, serviços de cartões e senhas, serviços de anúncios e sondagens. Um dos mais recentes tipos de acesso aos serviços bancários é o centro de contacto. Neste método, um utilizador responde ao cliente e autentica-o através de vários métodos. Estes serviços consistem, resumidamente, em: solicitar a presença pessoal de um agente bancário no local do cliente, serviços de cheques, transferência de dinheiro, receção de relatórios de contas, criação de uma nova conta, serviços de cartões e palavras-passe, resolução de discrepâncias e, por último, anúncios e sondagens.

4.5.2. Escritórios, agências, sucursais do banco corretor

Embora os bancos virtuais não tenham agências e não forneçam serviços pessoais, a responsabilidade das agências bancárias e a gestão do mercado serão efectuadas através do estabelecimento de escritórios locais ou da utilização dos serviços de um banco corretor.

A) Gestão de marketing e publicidade
B) Notação de crédito dos clientes
C) Arquivar documentos
D) Acompanhamento e gestão da recuperação do departamento
E) Número limitado de operações bancárias sem numerário
F) Número limitado de operações com numerário (abastecimento de numerário em ATM e serviços pessoais no local do cliente)
G) Gestão da autenticação do cliente (para identificar e autenticar a identidade dos clientes através de um encontro pessoal entre o cliente e o escritório ou agente bancário)

4.6. Canal de distribuição bancária virtual para a rede bancária

Uma vez que os bancos virtuais não têm agências, todas as acções e trocas bancárias e de dinheiro são feitas através de canais electrónicos. Estes canais incluem, resumidamente:

4.6.1. Mudança de pagamento nacional

A rede de intercâmbio de informações, ou "SHETAB", é criada como um sistema nacional de pagamentos bancários com o objetivo de ligar todos os sistemas de cartões bancários do país.

Embora os bancos não sejam obrigados a aderir a este sistema, consideram a sua utilização como um valor acrescentado, o que sempre foi uma exigência dos clientes. As acções abrangidas pelo SHETAB incluem uma vasta gama de trocas, como o levantamento de dinheiro, as compras electrónicas, o pagamento de facturas e o saldo de contas, e temos de ter em conta que outros países têm uma gama mais vasta de transacções em comutadores semelhantes. No nosso país, a gestão da central nacional está sob o monopólio do banco central. No entanto, noutros países, há mais do que uma central que funciona em regime de concorrência. De acordo com as últimas estatísticas do banco central, esta central nacional pode processar diariamente mais de 2.500.000 transacções.

4.6.2. Liquidação bruta real (o que chamamos de Santa no Irão)

Santa é a forma abreviada de liquidação bruta real em persa. A "liquidação de transacções entre bancos" e a "transferência imediata de dinheiro entre contas de clientes de dois bancos diferentes" são os objectivos deste canal. Este canal foi introduzido pela primeira vez em setembro (shahrivar) de 1387 para efetuar transferências entre contas de clientes de dois bancos diferentes. Não podemos esquecer que na maior parte dos países a transferência de dinheiro fraccionado não é feita instantaneamente e, uma vez que a transformação de uma grande quantidade de dinheiro tem grandes influências financeiras, estas são transferidas instantaneamente.

4.6.3. SWIFT (Society for Worldwide Interbank Financial Telecommunication)

A Society for Worldwide Interbank Financial Telecommunication ou SWIFT é um sistema informático através do qual todas as mensagens financeiras e bancárias (principalmente para transacções internacionais) são enviadas ou entregues entre os membros. A norma, a rapidez, a fiabilidade, o desenvolvimento e a cobertura de todas as utilizações, o baixo custo e a segurança são vantagens da rede SWIFT. Esta rede é responsável pela troca de dados bancários a nível internacional.

4.7. Sistemas de dados de gestão e business intelligence

Até à década passada, era possível gerir um banco sem recorrer à gestão de sistemas de dados. No entanto, na era atual, o negócio bancário não pode ser bem sucedido ou estável sem este tipo de sistemas. Ao definir parâmetros de sucesso e ao utilizar estes sistemas, os gestores bancários podem ser capazes de reconhecer o nível de sucesso da empresa e tomar medidas para o acelerar ou retificar. O armazém de dados é a base principal de todo o software analítico de um banco. Este sistema torna-se mais rico com o aumento do volume de dados e possibilita a realização de análises precisas. Para criar um armazém de dados, é necessário ter um conhecimento exato dos dados bancários e registar com precisão as suas alterações. Nesta secção, vamos descrever os dados de gestão e o subsistema de business intelligence:

4.7.1. Pontuação de crédito do cliente

Os bancos utilizam sistemas de software de notação de crédito para identificar e avaliar o risco de crédito dos seus clientes. Inicialmente, este sistema tenta criar

4.7.2. CRM (Gestão das relações com os clientes)

O estudo dos comportamentos dos clientes de cada empresa pode descobrir alguns padrões especiais para os proprietários da empresa. Este importante fator é possível através de inquéritos e da extração de dados. Através da extração de dados, da classificação e agrupamento dos clientes, da descoberta de regras de associação e de outros métodos de extração de dados, podemos descobrir padrões significativos a partir de uma grande quantidade de dados. Num banco virtual, a relação entre um cliente e o banco é gerida por um sistema de software e são efectuados os acompanhamentos necessários para prestar serviços adequados aos clientes, através da elaboração de relatórios nesse sentido. Em muitos casos, a combinação deste sistema com o armazém de dados cria inúmeras capacidades para a satisfação do cliente.

4.7.3. Gestão do risco operacional, de crédito e de liquidez

A conformidade com as normas bancárias é um dos requisitos para os gestores bancários e, no atual mundo acelerado, é necessário estudar a circulação monetária e, consequentemente, identificar os riscos operacionais, de liquidez e de crédito, utilizando métodos de software actualizados para analisar os dados bancários.

4.7.4. Gestão da fraude

Atualmente, todos os bancos do mundo sofrem danos substanciais devido a fraudes.
Só é possível reconhecer comportamentos fraudulentos e prevenir estes danos através do processamento e da extração de dados de transacções bancárias, especialmente as transacções do sistema de cartões. Os sistemas inteligentes de software de deteção de fraude identificam padrões de fraude e de utilização indevida utilizando técnicas de deteção de padrões, como as redes neuronais.

4.7.5. Sistema de lavagem de dinheiro

Para cumprir as normas bancárias e as instruções do banco central em matéria de branqueamento de capitais, devemos executar cuidadosamente as instruções de autenticação dos clientes, por um lado, e de extração de dados das transacções bancárias através da utilização de software inteligente e analítico, por outro, para identificar padrões previamente conhecidos de branqueamento de capitais.

CAPÍTULO 5

5. Avaliação da situação da banca eletrónica no Irão e no mundo

5.1. A posição da economia digital no mundo

(Analisa a capacidade dos países para atrair e utilizar as tecnologias da informação de modo a obter benefícios sociais e económicos)

A publicação The Economist publicou um relatório sobre a classificação dos países em termos de economia digital em 2010. De acordo com esta classificação, foram avaliados 70 países que tomaram medidas em termos das infra-estruturas necessárias para a economia digital. Os pontos foram atribuídos aos países com base nas infra-estruturas comunicativas e tecnológicas, no ambiente cultural e social, no ambiente empresarial e no ambiente jurídico necessário para a economia digital, bem como na abordagem e na política do governo e na aceitação deste tipo de atividade económica por parte dos consumidores e dos empresários. Nesta classificação, a Suécia, a Dinamarca e os Estados Unidos ocuparam o primeiro, o segundo e o terceiro lugares. A Turquia ficou classificada em 43rd , a Arábia Saudita em 52nd e o Irão em 69th . O facto de o Irão figurar nesta lista significa que dispomos das infra-estruturas necessárias para criar uma economia digital e que, se as empresas envidarem mais esforços neste domínio, poderemos melhorar a nossa classificação[11] (o quadro completo das classificações é apresentado no anexo 1).

5.2. Avaliação dos indicadores de desempenho da banca eletrónica noutros países

O número de máquinas ATM utilizadas em alguns países europeus entre 2004 e 2008 é igualmente apresentado no quadro 3. Como se pode ver no quadro, a Rússia tem o maior número de máquinas ATM entre os países avaliados e cresceu 2,5 vezes entre 2004 e 2008.

No quadro 4, pode ver-se o número de cartões nos países avaliados. Como se pode ver, a Inglaterra é o país com mais cartões.

Quadro 3: Máquinas ATM europeias

2008	2007	2006	2005	2004	Country
70,500	50,000	38,000	30,000	20,000	Russia
8,000	7,800	7,400	7,400	7,500	Belgium
*	6,700	6,200	6,000	5,500	UK
*	5,600	5,400	5,300	5,250	Germany

3,300	3,100	3,000	2,900	2,800	Sweden

Quadro 4: Número de todos os cartões emitidos na Europa

2007	2006	2005	2004	Country
*	157,000,000	000,157,000	160,000,000	UK
*	125,000,000	124,000,000	123,000,000	Germany
*	19,000	18,000	16,700	Sweden
95,000	75,000	50,000	40,000	Russia
*	17,500,000	17,000,000	16,500,000	Belgium

Quadro 5: A relação entre o cartão e a população

2007	2006	2005	2004	Country
*	3	3	3	UK
*	2	2	1	Germany
*	0.002	0.002	0.002	Sweden
0.001	0.001	0.0003	0.0003	Russia
*	2	2	2	Belgium

(Fonte: Boletim de automatização bancária 2008)

De acordo com o número de cartões emitidos em Inglaterra, cada indivíduo possui, em média, três cartões. No entanto, na Suécia e na Rússia, são poucos os que possuem cartões. O número de transacções em ATM em cada mês é também apresentado no Diagrama 2. Embora a Suécia tenha o menor número de ATM entre os países avaliados, é o país com o maior número de transacções em ATM, ao contrário dos outros países.

É interessante saber que a Rússia é o país com menos transacções, apesar de ter o maior número de caixas automáticos.

No diagrama 3, é apresentado o montante médio de cada transação em ATM (moeda: euro). Como se pode ver, a Inglaterra e a Suécia têm quase as mesmas transacções - cerca de 90 euros por máquina ATM. A Rússia foi o país que registou o maior crescimento em termos de transacções em caixas automáticas, tendo passado de 70 euros em 2004 para 130 euros em 2007. Em 2008, este número foi registado como 240 euros.

Diagrama 2: Número de transacções em ATM em alguns países europeus

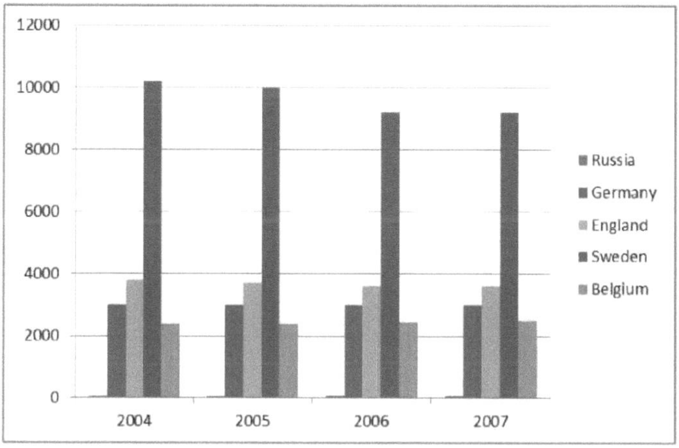

Diagrama 3: Custo médio das transacções em máquinas ATM

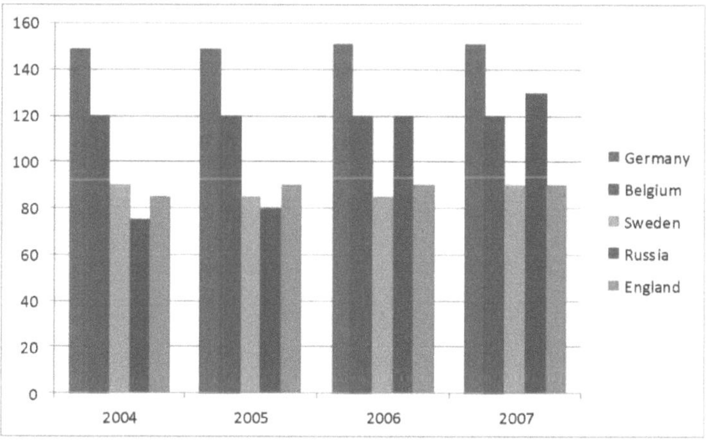

5.3. Avaliação dos indicadores de desempenho da banca eletrónica no Irão

No quadro 6, são apresentadas as estatísticas de alguns instrumentos de pagamento eletrónico. Em contraste com os países europeus avaliados, o Irão ocupa o segundo lugar, a seguir à Rússia.

Quadro 6: estatísticas dos instrumentos de pagamento eletrónico

1384	1385	1386	1387	1388	explanation
4,455	7,616	9,917	13,021	17,102	ATM
8,867	12,556	14,246	15,848	16,726	Branches online
13,511,529	23,437,601	38,593,283	57,832,260	87,286,305	Number of banking cards
20	33	54	80	119	Card to population
79,800	196,664	470,688	783,354	1,179,093	POS

(Recurso: Relatório sobre o sistema de pagamentos da República Islâmica do Irão)

Quadro 7: estatísticas das transacções com máquinas de pagamento eletrónico

1385	1386	1387	1388	Explanation (billion Rials)
77,674,892	159,710	283,712	551,912	ATM transactions expense
6,783	22,869	52,132	126,665	POS transactions expense
128,117	286,844	405,892	857,937	branches POS transactions expense
212,574	469,423	741,736	1,536,514	total

(Recurso: Relatório sobre o sistema de pagamentos da República Islâmica do Irão)

No quadro 7, podem ver-se as estatísticas das transacções com máquinas de pagamento eletrónico. Como se pode ver, as transacções de instrumentos de pagamento eletrónico estão a aumentar, de modo que todas as transacções de instrumentos de pagamento eletrónico foram superiores a 514 536,1 mil milhões de Rials em 1388 e cresceram 7 vezes em comparação com o ano de 1385.

No quadro seguinte, a proporção média de transacções em ATM, POS e balcões é brevemente mencionada.

Quadro 8: Média das transacções em POS, POS em sucursais e ATM

1385	1386	1387	1388	
54	79	111	185	Average number of POSs
971	1,471	1,378	5,001	Average number of Branches POSs
35	54	68	110	Average expense of POS transactions
8	13	15	27	Average expense of Branches POSs
497,816	793,700	759,744	898,194	Ratio of the number of ATM transactions
166	207	302	439	Average expense of every machine's transactions

De acordo com o quadro acima, a despesa média de transação de cada máquina ATM era de 302 mil milhões de Rials em 1387 - cerca de 20 milhões de euros, o que determina o interesse das pessoas por estes instrumentos. Em suma, podemos concluir que, no que diz respeito ao facto de os bancos virtuais terem uma grande variedade de actividades nos países europeus, a maioria das transacções é feita através da Internet e os instrumentos de pagamento que requerem a presença pessoal são menos utilizados, mas como os bancos virtuais não são amplamente lançados no Irão, estes instrumentos são mais bem acolhidos, o que determina que o Irão tem um elevado potencial para acolher bancos virtuais.

CAPÍTULO 6

6. Conclusão

Com o desenvolvimento da tecnologia da informação, todos os aspectos da vida dos seres humanos, especialmente o económico, foram avaliados. Por conseguinte, a presença nos mercados globais que possuem métodos úteis é uma das acomodações necessárias com o sistema financeiro global e a utilização da tecnologia da informação nos domínios financeiro e empresarial para aumentar a eficiência da economia nacional é útil.

Desta forma, o estabelecimento de uma banca nacional eficiente que comunique com os sistemas internacionais e seja capaz de fornecer novos serviços bancários é considerado uma necessidade da economia nacional.

No mês de Mordad de 1388, o conselho monetário e de crédito subscreveu uma licença para estabelecer um banco virtual e o capital mínimo necessário para estabelecer um banco virtual foi determinado em 700 mil milhões de Rials.

Em 1389, o banco central aumentou o capital mínimo exigido para 2000 mil milhões de Rials. Embora há anos os bancos comerciais iranianos prestem serviços bancários pela Internet, ainda não foi criado nenhum banco virtual. (O conselho de crédito e dinheiro emitiu recentemente uma licença para o estabelecimento de um banco virtual).

Esperamos observar os impactos positivos dos bancos virtuais no ambiente económico e social do nosso país no futuro. De facto, embora as estatísticas dos bancos virtuais e electrónicos tenham crescido ultimamente, as condições existentes na sociedade, tais como

- Elevado nível de capitação de energia no Irão, em contraste com outros países
- Custos sociais elevados e perda de tempo dos cidadãos
- Requisitos do quinto plano de desenvolvimento social e económico
- Abordagem de desenvolvimento da administração pública eletrónica
- Utilização optimizada das capacidades suplementares, especialmente dos intelectuais da sociedade, a fim de realizar operações de elevado valor acrescentado

Desenvolver o mais possível a banca virtual. No entanto, da mesma forma, realizar actividades como

- Criação de uma plataforma de telecomunicações de alta velocidade para comunicações via Internet e protocolos de apoio e normas autênticas
- Formular e aprovar normas jurídicas conexas
- Formação de peritos
- Formação, educação e conquista da confiança do público

- Prestação de serviços e novas ferramentas através de sistemas de banca eletrónica
- Estabelecer uma relação contínua com os clientes para reconhecer as necessidades de informação e de serviço
- Desenvolvimento de sistemas de software e hardware de acordo com normas actualizadas
- Difusão da cultura do comércio eletrónico e do marketing eletrónico e inclusão de caraterísticas culturaisParecem necessárias.

Recursos

[1] Akkasi, Abbas, Mohammad Hossien Farzin, (1387), E-banking and virtual banking position in Iran, Second E-banking global conference

[2] Hasani, Farnood, Soheyla Soltani e Fereshte Zarabie, (1387)), gestão eletrónica, Teerão, publicação Sabzan

[3] Heybati, Farshad,Hashem Nikoomaram e Fereydoon Rahnamaye Roodposhti, (1387), Financial markets and institutions, Teerão, Universidade Islâmica Azad

[4] Manoochehri, Sasan, (1380), Evolução da informação e da comunicação no sector bancário

[5] Khormooji, Ali Akbar, (1387), V-bank, E-banking new generation, Segunda conferência mundial sobre Ebanking

[6] Allen'F.'Mc Andrews J.'e Strahan P. (2002).E-finance: an introduction. Journal of financial services research'22 (1-2) 5-27

[7] Fight'A. (2002). Finanças electrónicas. Capstone Publishing'Wiley

[8] Shahrokhi'Manuchehr. (2008). Finanças electrónicas: Status'innovations'resources and future challenges. Finanças Gerenciais'34 (6)365-398

[9] WarkentinM. (2000) The role of mass-customization in enhancing supply chain relationships in B2B E-commerce markets. Journal of Electronic commerce research 10 (2) 1-17

[10] Clair James. (2006). Limitar a fraude eletrónica através de um sistema de gestão da segurança da informação (ISMS): uma introdução à norma ISO 27001 Conferência anual do ICGFM.

[11] Economist intelligent unit. (junho de 2010), Digital economy ranking 2010.

[12] Investigação sobre a banca de retalho. (2008), Country Profile. Boletim de automatização bancária: www.rbrlondon.com/bulletin.

[13] Apêndice: Classificação da economia digital em 2010

Digital economy rankings and scores, 2010

2010 rank (of 70)	2009 rank	Country	2010 score (of 10)	2009 score	2010 rank (of 70)	2009 rank	Country	2010 score (of 10)	2009 score
1	2	Sweden	8.49	8.67	36	38	Malaysia	5.93	5.87
2	1	Denmark	8.41	8.87	37	37	Latvia	5.79	5.97
3	5	United States	8.41	8.60	38	36	Slovakia	5.78	6.02
4	10	Finland	8.36	8.30	39	39	Poland	5.70	5.80
5	3	Netherlands	8.36	8.64	40	41	South Africa	5.61	5.68
6	4	Norway	8.24	8.62	41	40	Mexico	5.53	5.73
7	8	Hong Kong	8.22	8.33	42	42	Brazil	5.27	5.42
8	7	Singapore	8.22	8.35	43	43	Turkey	5.24	5.34
9	6	Australia	8.21	8.45	44	44	Jamaica	5.21	5.33
10	11	New Zealand	8.07	8.21	45	47	Bulgaria	5.05	5.11
11	9	Canada	8.05	8.33	46	45	Argentina	5.04	5.25
12	16	Taiwan	7.99	7.86	47	48	Romania	5.04	5.07
13	19	South Korea	7.94	7.81	48	46	Trinidad & Tobago	4.98	5.14
14	13	United Kingdom	7.89	8.14	49	49	Thailand	4.86	5.00
15	14	Austria	7.88	8.02	50	52	Colombia	4.81	4.84
16	22	Japan	7.85	7.69	51	50	Jordan	4.76	4.92
17	18	Ireland	7.82	7.84	52	51	Saudi Arabia	4.75	4.88
18	17	Germany	7.80	7.85	53	53	Peru	4.66	4.75
19	12	Switzerland	7.72	8.15	54	54	Philippines	4.47	4.58
20	15	France	7.67	7.89	55	55	Venezuela	4.34	4.40
21	20	Belgium	7.52	7.71	56	56	China	4.28	4.33
22	21	Bermuda	7.47	7.71	57	57	Egypt	4.21	4.33
23	23	Malta	7.32	7.46	58	58	India	4.11	4.17
24	25	Spain	7.31	7.24	59	59	Russia	3.97	3.98
25	24	Estonia	7.06	7.28	60	60	Ecuador	3.90	3.97
26	27	Israel	6.96	7.09	61	61	Nigeria	3.88	3.89
27	26	Italy	6.92	7.09	62	64	Vietnam	3.87	3.80
28	28	Portugal	6.90	6.86	63	63	Sri Lanka	3.81	3.85
29	29	Slovenia	6.81	6.63	64	62	Ukraine	3.66	3.85
30	30	Chile	6.39	6.49	65	65	Indonesia	3.60	3.51
31	31	Czech Republic	6.29	6.46	66	66	Pakistan	3.55	3.50
32	34	United Arab Emirates	6.25	6.12	67	69	Kazakhstan	3.44	3.31
33	33	Greece	6.20	6.33	68	67	Algeria	3.31	3.46
34	32	Lithuania	6.14	6.34	69	68	Iran	3.24	3.43
35	35	Hungary	6.06	6.04	70	70	Azerbaijan	3.00	2.97

Os diferentes tipos de bancos mencionados no quadro 1:

- Banca grossista: presta serviços como a concessão de empréstimos e a aceitação de depósitos em grande escala entre bancos e instituições financeiras
- Banca de empresas: presta serviços bancários a grandes empresas.
- Banca de retalho: presta serviços bancários a pessoas singulares ou a pequenas empresas
- Banca privada: faz a gestão do património, aconselhamento financeiro e gestão de assuntos financeiros

MIX
Papier aus verantwortungsvollen Quellen
Paper from responsible sources
FSC® C105338

Printed by Books on Demand GmbH, Norderstedt / Germany